EXPLICANDO
La verdad sobre la Navidad

DAVID PAWSON

ANCHOR RECORDINGS

Copyright ©2018 David Pawson

EXPLICANDO
La verdad sobre la Navidad

EXPLAINING
The Truth about Christmas

El derecho de David Pawson a ser identificado como el autor de esta obra ha
sido afirmado por él de acuerdo con la
Ley de Copyright, Diseños y Patentes de 1988.

Traducido por Alejandro Field

Esta traducción internacional español se publica por primera vez
en Gran Bretaña en 2018 por
Anchor Recordings Ltd
DPTT, Synegis House, 21 Crockhamwell Road,
Woodley, Reading RG5 3LE

Ninguna parte de esta publicación podrá ser reproducida o transmitida
de ninguna forma o por ningún medio, electrónico o mecánico,
incluyendo fotocopia, grabación o ningún sistema de almacenamiento
o recuperación de información, sin el permiso previo
por escrito del editor.

**Si desea más de las enseñanzas de David Pawson,
incluyendo DVD y CD, vaya a
www.davidpawson.com**

PARA DESCARGAS GRATUITAS
www.davidpawson.org

**Si desea más información, envíe un e-mail a
info@davidpawsonministry.com**

ISBN 978-1-911173-60-1

Este libro está basado en una charla. Al tener su origen en la palabra hablada, muchos lectores encontrarán que su estilo es algo diferente de mi estilo habitual de escritura. Es de esperar que esto no afecte la sustancia de la enseñanza bíblica que se encuentra aquí.

Como siempre, pido al lector que compare todo lo que digo o escribo con lo que está escrito en la Biblia y, si encuentra en cualquier punto un conflicto, que siempre confíe en la clara enseñanza de las escrituras.

David Pawson

EXPLICANDO
La verdad sobre la Navidad

Un niñito vivaz dijo a sus padres: "Sé lo que es la "X" en "Xmas".[1] Los padres dijeron: "¿Qué significa?". Contestó: "Explotación". Me pareció una respuesta muy astuta para un niño. Porque es la fiesta más explotada del año. Las tiendas la han estado explotando desde agosto. Fue entonces que noté el primer anuncio de las ventas navideñas. Las tabernas la explotan y le dicen que reserve el almuerzo navideño para usted y su familia. Las iglesias la están explotando. Hay ahora cultos con villancicos, *Christingles* (creo que tiene que ver con velas), comuniones a la medianoche y cultos el día de Navidad. Todos la están explotando para sus propios fines.

Hay un nuevo factor este año, algo que es muy nuevo en Inglaterra. Enfrentamos un esfuerzo coordinado para sacar el cristianismo de la Navidad. Las tiendas de la Cruz Roja Británica se están rehusando a poner adornos navideños por temor a importunar a los musulmanes. Al mismo tiempo, los musulmanes están explotando la Navidad, poniendo adornos en sus tiendas, porque los musulmanes creen en la Navidad. Creen incluso que Jesús nació de una virgen. ¿Lo sabía? Es así, pero la verdadera oposición a la Navidad cristiana viene de secularistas militantes. Se han propuesto convertir a la Navidad en un "festival del invierno", como lo llaman, quitándole todo contenido religioso.

¿Qué deberían hacer los cristianos al respecto?

¿Deberíamos combatirlo, o deberíamos aceptarlo como algo normal, porque los cristianos son ahora una minoría en este país? Somos una minoría muy pequeña ahora. Sea lo que haya sido Inglaterra, ya no somos un país cristiano. Somos ahora una minoría perseguida, que es una situación muy extraña para nosotros, y a la que no estamos acostumbrados en absoluto. Estamos acostumbrados a vivir en un país cristiano, donde todos por lo menos saben de qué iglesias se mantienen lejos (aun cuando no sepan a qué iglesia van). Ese era un país cristia*nizado*. Ya no somos un país cristiano.

Tenemos que pensar mucho acerca de la Navidad. La pregunta más importante es: "¿Es verdad?". Porque Jesús dijo que es la verdad lo que nos libera y, lamentablemente, hay muchas falsedades con relación a la Navidad. Todo el asunto es una mezcla de un cuento de hadas, representaciones de la natividad en la escuela y muchas otras cosas. En realidad, deberíamos comenzar por hacer esta pregunta básica: "¿Cuál es la verdad acerca de la Navidad?". Este es mi tema.

No sé si usted admira a John Betjeman. ¿Le gusta su poesía? A mí sí. Es una poesía sencilla y llana. Escribió una poesía llamada *Christmas* (Navidad), en la cual cada frase estaba entre signos de pregunta. Le daré una sola estrofa:

> ¿Y acaso es verdad,
> La historia increíble que fue,
> Vista en el tinte de un vitral,
> En el establo de un buey un bebé?
> ¿El Creador de las estrellas mil
> Hecho un Niño en la tierra por mí?

Esa es una de las estrofas de su poesía. Están esos signos de pregunta. "¿Y acaso es verdad…?" "¿El Creador de las estrellas…?" que se repiten continuamente en la poesía.

Pensemos en esto. Cuando miro la historia sucinta de la Navidad encuentro que hay mucho en ella que no es verdad. Estas falsedades son comunicadas a través de villancicos y tarjetas. Hay muchísimo que aparece en las tarjetas (y muchísimo se canta en los villancicos) que simplemente no es cierto.

Veamos entonces algunas de las falsedades de la Navidad. Comencemos por el "hecho" de que Jesús nació en un establo. ¡No fue así! La Biblia nunca menciona un establo. No nació en un establo. Fue acostado en un pesebre porque no había lugar en la posada, pero eso no significa un establo. Uno tiene que ir a Oriente Próximo y ver una posada moderna. Yo me he quedado en estas posadas en el desierto de Arabia. Es un edificio cuadrado de piedra grande que tiene un gran muro alto con piedras cuadradas sin ventanas y un portón de entrada. Cuando uno pasa por el portón se encuentra en un enorme patio. Alrededor del lado interior del muro hay habitaciones. Fue en una de esas habitaciones, alrededor de los muros, que me quedé a dormir. Los animales son atados en la parte central del patio abierto. Es ahí donde está el pesebre, el bebedero para los animales, con postes para atar los camellos y los burros.

José y María llegaron a la posada. Dicho sea de paso, ¿se dio cuenta de que Belén estaba lleno de familiares de Jesús? Él tenía familiares por todas partes, porque todos habían venido para ser registrados. Estaban todos sus familiares ahí, ¡pero ninguno los recibió en su casa! Nos dice algo acerca del embarazo de María, ¿no es cierto? Ninguno de sus familiares le dio a ella o a José una cama. Para cuando llegaron a la posada literalmente no había ninguna habitación. ¿Me sigue?

Todo lo que pudieron hacer para la seguridad esa noche fue acampar en el medio del patio, atar el burro al poste y acostarse al aire libre. Fue ahí que nació Jesús, bajo las estrellas. La única cuna en la que pudo ponerlo María —no había cama, porque no estaban en una habitación— fue el pesebre del cual comían los animales. ¿No es muy lindo, no es cierto? Uno no escogería que su propio bebé naciera en un bebedero de animales. Pero fue lo que ocurrió. No había lugar en la posada, así que fue acostado en un pesebre. Esa es la primera falsedad. Olvídese del establo, olvídese de la cueva. Fue un patio abierto en la posada, porque no quedaba lugar para ellos en las habitaciones que rodeaban el patio.

Después, siempre me he asombrado por el villancico "Away in a Manger" (Allá en el pesebre). Es uno de los primeros que aprendemos de niños, y nos dice que Jesús nunca lloró de niño. "Pequeño Señor Jesús, ningún llanto produce". ¿Lo cree usted? El llanto es la única forma en que un bebé puede comunicarse con sus padres cuando tiene hambre o cuando necesita vaciar el otro extremo. Llenar un extremo y vaciar el otro, estas son las únicas dos cosas que uno tiene que hacer con un bebé. La única forma en que un bebé puede hacerle saber que quiere una cosa o la otra es llorar. Los musulmanes realmente creen que desde el principio el bebé Jesús tuvo largas discusiones teológicas con María. Yo no lo creo ni por un segundo. Casi me quedé sin aliento cuando escuché a uno de los principales líderes musulmanes de este país decir eso.

En todas las imágenes que he visto del bebé Jesús, ¡al parecer tenía seis meses cuando nació! ¿Alguna vez lo notó? Cuando vi por primera vez a nuestro primer hijo, ¡estaba horrorizado! Pensé que estaba viendo un conejo despellejado y me dije: "¿Produjimos esto nosotros?". Esa fue mi reacción sincera. Pero el bebé Jesús está siempre tan regordete y tan maduro, que tiene que haber tenido seis meses cuando nació. No podemos aceptar que era un bebé normal.

Hablamos de "ropa para envolver al niño" en vez de pañales, pero él necesitaba ser limpiado igual que cualquier otro bebé, aun en un pesebre. Está tan esterilizado y tan embellecido que no se nos puede culpar si tenemos tantos equívocos.

¿Y los sabios que siguieron la estrella? He escuchado a personas decir que eso demuestra que la astrología es buena. ¿Lo ha escuchado, que si usted sigue sus estrellas está bien, porque guiaron a personas a Jesús? Sin embargo, hay una diferencia completa entre lo que ocurrió en Belén y cuando uno lee sus estrellas —que espero que no haga— en un periódico o revista. La astrología cree que la posición de las estrellas en el momento que nace un bebé afectará su carácter y su vida. Pero en Belén fue la posición del bebé que afectó las estrellas. ¿Ve la diferencia ahí? Una enorme diferencia. Y estos sabios, ¿quiénes eran? Les hemos dado nombres. Ni siquiera recuerdo los nombres. Uno era Melchor, y había dos más. Pero la Biblia no les da nombres. La Biblia ni siquiera dice que fueron tres. Lo suponemos porque, como hubo tres regalos, entonces fueron tres hombres. Pero no lo dice.

En una representación de la natividad un niño que hacía de José y una niña que hacía de María (con una almohada bajo el vestido) llegan a la puerta de la posada. El posadero contesta en la puerta y José le dice: "¿Tiene una habitación para mi esposa y yo? Verá que está por tener el bebé". El posadero dice: "Por supuesto que sí. Les daremos la mejor habitación, la suite para luna de miel". El niño que hace de José mete la cabeza por la puerta, se vuelve a María y le dice: "Tendrías que ver las condiciones de las habitaciones de este hotel". Dice: "Vamos a estar mejor en el establo". ¡Y toma el establo! Los niños son muy simpáticos cuando hacen estas obras. No había tres sabios, no eran reyes y no llevaban coronas. ¿Quién dijo eso? *We three kings of orient are…* (Somos tres reyes de oriente). ¿Ha escuchado ese villancico? Es un disparate. Simplemente no es cierto. Aun los cristianos piensan que eran gentiles. ¿Quién le dio esa idea? Sin duda eran judíos, porque cuando los judíos volvieron del exilio de Babilonia, la mayoría no emprendió el viaje, sino que se quedaron. Desarrollaron negocios y solo cuarenta y cinco mil volvieron a casa. El resto se quedó en Babilonia. ¿Por qué vendrían gentiles a buscar al rey de los judíos? No lo harían. ¿Y por qué estarían buscando una estrella? Porque si uno lee el libro de Números, hubo un hombre (llamado Balán) cuyo burro le habló. Él hizo una profecía de que un día el cetro vendría a Judá, señalizado por una estrella en el cielo. Puede leerlo en el libro de Números. Con razón vinieron hombres sabios de oriente siguiendo una estrella, porque, como eran judíos, querían conocer a su rey. Por eso hicieron todo el camino.

La cosa más grande donde nos equivocamos es que Jesús no nació en diciembre; ni siquiera cerca. Los pastores no cuidan ovejas de noche en diciembre en Oriente Próximo. Uno puede tener nieve en Jerusalén. Hace mucho frío en diciembre en esas montañas. Sin duda no era invierno. Es la fecha errónea, para empezar. Jesús no nació el 25 de diciembre. No es su cumpleaños. Le diré la fecha correcta en un instante, pero ¡qué cosa importante como para equivocarse!

No fue en la fecha de Navidad. Entonces, ¿cuándo fue? Afortunadamente lo tenemos en la Biblia. Hay que descifrar algunas pistas, pero cuando lo hacemos descubrimos que Jesús nació a fines de septiembre o principios de octubre. Digo que podría ser uno u otro porque nació durante la fiesta de Tabernáculos, que ocurre en el otoño (boreal). A veces es a fines de septiembre, a veces principios de octubre. Este año será en la primera semana de octubre. Yo voy cada año para esta fiesta, así que lo sé. Fue entonces que nació. ¿Cuál es nuestro fundamento para decir esto? Solo hay que hacer un poco de matemáticas. Debo empezar por un sacerdote, el esposo de Elizabeth. Entró en el templo y tuvo una visión de que su esposa tendría un hijo que tenía que llamar Juan. Fue un primo de Jesús, y se convirtió en Juan el Bautista. Ahora me atrevo a decir, porque Elizabeth nunca había tenido hijos y no esperaba tener ninguno, que tan pronto su esposo llegó a casa y dijo: "Tendrás un bebé", se metieron en la cama antes de comer la cena. Ella se entusiasmó muchísimo y, dicho y hecho, concibió un niño.

Cuando el niño tenía seis meses en su vientre, su prima María vino de visita. Fue ahí cuando a María se le dijo: "Y tú también tendrás un bebé varón, igual que tu prima Elizabeth, de manera milagrosa". Entonces tenemos que hacer una pequeña cuenta. Seis meses del embarazo de Juan el Bautista, nueve meses para Jesús, un total quince meses desde el momento que entró Zacarías al templo hasta que nació Jesús. ¿Me sigue hasta aquí? Entonces, si supiéramos cuándo Zacarías entró en el templo, sabríamos cuándo nació Jesús. Y lo sabemos. Se nos dice que pertenecía al octavo de veinticuatro casas de sacerdotes que cubrían todo el año. De modo que sabemos exactamente el mes en que Zacarías tuvo su visión donde se le dijo que sería el padre de Juan. Quince meses después nació Jesús. Quince meses después era el séptimo mes del calendario judío, que era septiembre-octubre, el mes de la fiesta de Tabernáculos. Los profetas habían predicho que Jesús vendría en la fiesta de Tabernáculos. ¿Sabe que los judíos, al día de hoy, esperan que venga en ese tiempo? Por lo tanto, cuando los cristianos como yo vamos a Jerusalén para la fiesta (y van unos diez mil de todas partes del mundo), nos encontramos con que los judíos están celebrando la misma fiesta. La diferencia es que nosotros celebramos que él ha estado y ellos están celebrando que vendrá. Pero los cantos son los mismos, la celebración es la misma. Es un tiempo apasionante. Es en ese tiempo que lo esperan, y fue cuando nació.

De hecho, el Evangelio de Juan dice: "La palabra se hizo carne y tabernaculó entre nosotros". No solo *vivió* entre nosotros, sino *tabernaculó*; habla de una carpa. La Palabra se hizo carne y armó su carpa entre nosotros, porque la fiesta de Tabernáculos es la fiesta de las carpas. Es una conmemoración de cuando el pueblo de Israel deambuló por el desierto durante cuarenta años y vivió en carpas. Aún lo celebran. Cada año, los judíos dejan sus casas, construyen un cobertizo afuera en el patio y comen debajo del cobertizo para recordar a sus padres en el desierto. Así que los judíos esperan que el Mesías, el Cristo, venga en la fiesta de Tabernáculos. Y así fue. Le diré otra cosa, saltando a algo que quiero decir al final: él vendrá de nuevo en el mismo tiempo, porque es la única fiesta que no cumplió plenamente la primera vez. Creo que, uno de estos años, alrededor de septiembre-octubre, Jesús volverá. Estuvo justo a tiempo la primera vez. Estará justo a tiempo la segunda vez.

Todas esas cosas que entendemos bastante mal y no son verdad son las que cantamos en nuestros villancicos y ponemos en nuestros árboles de Navidad y en las tarjetas. ¡Especialmente la nieve! Debemos tener nieve en Navidad. ¡Es una parte esencial de la historia! Por supuesto, no es para nada así.

Hemos agregado una tremenda cantidad de fantasía a los hechos, pero también hemos quitado mucho. No adrede. Simplemente no hablamos mucho de esas cosas.

Por ejemplo, el asesinato de todos los niños inocentes de menos de dos años en Belén. El resultado del nacimiento de Jesús fue una terrible masacre. ¿Se da cuenta de que la mayoría de los que fueron muertos eran primos de Jesús? Todos sus parientes habían venido a Belén para ser registrados, y fueron los hijos de ellos que fueron muertos. Me pregunto cómo se sintió Jesús acerca de esto más tarde en la vida, cuando supo la verdad. No vemos esto en muchas tarjetas navideñas, pero forma parte de la historia de la Navidad. Es parte de su realidad. No prestamos demasiada atención a José, ¿no es cierto? Pero creo que fue un hombre asombroso, porque creyó la historia de su esposa de que no había tenido relaciones sexuales con nadie, aunque era obvio que estaba embarazada. ¡Y él lo creyó! Me saco el sombrero a José. Lo creyó porque, como su tocayo de la antigüedad, era un soñador. Si uno lee acerca de José en el Antiguo Testamento, siempre tenía sueños, y él creía que los sueños eran verdaderos. Un ángel se le apareció en un sueño a José y le dijo: "Está bien que recibas a tu esposa. Ella no se está portando mal". Todos los demás en Nazaret creían lo contrario, y ella tiene que haber sufrido tremendamente por los chismes y murmuraciones sobre ella. Era una niña de solo quince años cuando quedó embarazada, y a esa edad tuvo que soportar todos los chismes, ¡y lo hizo! Al punto que sus familiares en Belén no la recibieron ni le dieron una cama. María fue una muchacha asombrosa.

Estar dispuesta a hacer lo que el Señor le dijo que hiciera sin discutir u objetar. Ella lo aceptó, y José también. No solo tuvo un sueño con relación a María, sino después que nació el bebé tuvo otro sueño que decía: "Si te quedas en este país tu hijo bebé será asesinado". Llevó a su familia fuera de su patria, hasta Egipto, que nunca habían visitado antes, y se convirtieron en refugiados, todo en respuesta a un sueño. Ambos salvaron la vida de Jesús, porque si no tomaban esta decisión hubiera sido muerto con todos los otros niños. Debemos estar agradecidos a esa joven pareja por lo que hicieron por nuestro Salvador, preservándolo. Pero no solo tendemos a pasar por alto a los seres humanos. También lo hacemos con seres sobrenaturales.

Los primeros seres que tendemos a olvidar, o tratar como hadas en el fondo del jardín, son los ángeles. Y no son hadas. Compartiré con usted un encuentro que tuvimos un amigo y yo con un ángel hace un año, cuando la nieve era espesa y los caminos eran hielo sólido. ¿Recuerda ese tiempo?

Basingstoke estuvo en las noticias nacionales porque había tres mil coches abandonados en las calles. Yo había salido a visitar a un misionero con un gran amigo mío que me ayuda con todas mis cintas grabadas. Estábamos volviendo en un monovolumen, un vehículo bastante alto, solo nosotros dos. A unos ochocientos metros de mi casa no pudimos seguir avanzando. Había una colina empinada de hielo sólido, con coches abandonados a ambos lados del camino. Nos desplazábamos entre ellos, deslizándonos con la esperanza de llegar a casa.

Quedamos completamente detenidos, patinando, con las ruedas girando, sin poder avanzar. De pronto, del lado del pasajero, donde yo estaba sentado, apareció un hombre en la ventana. Era un hombre muy alto, porque yo estaba mirando hacia arriba. Miré por la ventana a este rostro oscuro y amigable, y él se hizo cargo. Solo le dijo a mi compañero, que estaba conduciendo, qué debía hacer exactamente. Dijo: "Gira un poco hacia la derecha, ahora a la izquierda, ahora levanta un poco el acelerador", y siguió así. Nos ayudó a subir la colina y luego desapareció.

Ahora bien, era hielo sólido, y las personas no podían pararse en ese camino. Pero él se quedó al lado de la ventana del pasajero hasta que llegamos arriba de la colina y la pasamos. Usted puede creer lo que quiera sobre el suceso, pero yo creo en ángeles, y estoy bastante seguro de que no fue la primera vez, pero fue la última que tuve. Los ángeles realmente existen, son reales. Están aquí para ayudarnos, y hacen muchas cosas. Son mensajeros. Tuvieron un papel muy importante en la vida de Jesús. En cada punto crítico los ángeles estuvieron presentes. Si usted no cree en ángeles, mejor no crea en Jesús, porque estuvieron muy conectados con él en todo momento. Anunciaron su nacimiento y anunciaron su concepción.

Un ángel llamado Gabriel dijo a María que quedaría

embarazada. Pero hay una persona invisible que tendemos a pasar por alto en Navidad. Raramente escucho hablar de él en Navidad. Sin embargo, sin él todo no hubiera ocurrido. Me refiero al Espíritu Santo. Si usted no cree en el Espíritu Santo como una persona, entonces olvídese de todo, porque nada de esto podría haber ocurrido sin él. "Fue concebido por el Espíritu Santo". Lo decimos cuando recitamos el credo o la declaración de fe en la iglesia.

Voy a preguntar: "¿Qué hizo exactamente el Espíritu Santo en el cuerpo de María, en la oscuridad de su vientre?". De manera muy similar, preguntaría más adelante qué hizo el Espíritu Santo en el cuerpo de Jesús en la oscuridad de la tumba. Pero el primer gran milagro fue en la oscuridad del vientre de María.

Pero ¿qué ocurrió, precisamente? Existen varias posibilidades. Ahora que entendemos tanto acerca de la concepción humana, sabemos lo que debe haber ocurrido. Por ejemplo, ¿podría Dios el Espíritu Santo haber creado un feto, un óvulo fertilizado, y haberlo plantado en el vientre de María? No, eso no encajaría, porque entonces ella no habría sido su madre. Habría sido una madre sustituta. Hoy hay muchas madres sustitutas que tienen un óvulo implantado, pero María no fue una madre sustituta. Si lo hubiera sido, Jesús nunca hubiera sido el hijo de David. No habría tenido sangre real. Tenía que tener algo de María. Entonces, ¿el óvulo de María se dividió espontáneamente para producir a Jesús sin fertilización? No.

Es interesante que un profesor de ginecología en Londres me dijo que probablemente haya habido una media docena de nacimientos vírgenes en la historia. Es el proceso conocido por los científicos como partenogénesis. Lo que ocurre es que el óvulo comienza a dividirse espontáneamente por su cuenta, sin ser fertilizado, y luego crece en el útero hasta convertirse en un bebé pleno. El profesor me dijo esto, y yo nunca lo había escuchado antes. Dijo: "Es probable que haya ocurrido. Ha habido una media docena de nacimientos vírgenes". Pero dijo: "Lo interesante es que en cada caso fue una bebé, un ser femenino. Tendría que serlo, porque cada óvulo en el cuerpo de una mujer es femenino". Por lo tanto, si ese óvulo se dividió espontáneamente y produjo un bebé, tendría que ser una niña. Eso no podría haber ocurrido en el caso de María, porque produjo un varón. Así que nos queda la tercera posibilidad. Esa posibilidad es que el Espíritu Santo creó esperma masculino con el ADN de Dios en él, que fertilizó el óvulo de María, de modo que Jesús fue literalmente el hijo de María y, por lo tanto, el hijo de David y el Hijo de Dios a la vez. Ella fue su madre y Dios fue su Padre. Esto encaja perfectamente con el resto de nuestra historia. No es una suposición mía; lo deduje científicamente. Creo que fue lo que ocurrió. Es lo único que podría haber ocurrido dentro del vientre de María.

Significa que su nacimiento fue perfectamente normal. Cuando llegó el momento para que naciera Jesús, María entró en trabajo de parto. Tendríamos unas horas de trabajo de parto, primero rompería bolsa y luego saldría el bebé. Le habrían cortado el cordón umbilical, sería limpiado y habría sido acostado en el pesebre. Su nacimiento fue casi enteramente normal. No hubo ningún milagro en su nacimiento excepto, en palabras de un estudioso (y comparto esta palabra solo en grupos de adultos) que el himen de María fue roto por un varón desde adentro. Esa es la única diferencia entre su nacimiento y uno nuestro. Pero no es la mayor diferencia. La mayor diferencia de todas es lo que quiero decir ahora. Significa que el milagro de Jesús ocurrió en su *concepción*. El nacimiento fue normal, pero la concepción fue el momento en que Dios hizo algo, y es cuando deberíamos estar celebrando.

Es interesante que, si Jesús nació a fines de septiembre,

o en octubre, fue *concebido* en diciembre. ¡Ahí tiene algo en qué pensar! Diciembre no fue el mes de su nacimiento. Podría haber sido el 25 de diciembre, no lo sabemos, pero no nació ese día sino fue *concebido* entonces. Fue entonces que ocurrió el gran milagro, cuando Dios hizo algo único. Su nacimiento fue bastante normal, pero su concepción fue tan extraordinaria que nunca ha habido otra igual. Pero ¿qué fue tan extraordinario con relación a la concepción? No solo que el esperma divino infiltró y fertilizó el óvulo de María. Fue algo mucho más extraordinario: Jesús fue la única persona, y hasta ahora es la única, que escogió nacer. Decir esto es impresionante. ¿Nadie grita: ¡Aleluya!? Es realmente abrumador. Usted no eligió nacer. Yo no elegí nacer. Por lo tanto, no elegimos a nuestros padres. No podríamos haberlo hecho. No escogimos nuestra condición social. No escogimos nada. Solo vinimos y tuvimos que aceptar nuestro entorno tal como era. Jesús escogió nacer, lo cual significa que escogió sus padres, lo cual significa que escogió su condición social.

Esta es la parte que los musulmanes no creen. Ellos creen que Jesús fue un gran profeta, creen que nació de una virgen, creen todo eso, pero no creen que Jesús escogió nacer, porque los obligaría a creer que Jesús fue único, en comparación con Mahoma, que no escogió nacer. Pero significa, también —y esto es clave—, que Jesús existió antes de nacer y aún antes de que fuera concebido. Aquí es donde la mente humana comienza a alcanzar su límite. Nunca hemos oído de algo semejante, que alguien haya escogido ser concebido, que haya escogido nacer.

Jesús nunca dijo: "Nací para esto". Siempre dijo: "Vine para esto". ¿Alguna vez lo notó? "Vine para buscar y salvar a los perdidos". "Vine…" También dijo: "Padre, envíame". Nadie más ha hablado así. Nunca ha escuchado usted que alguien diga: "Decidí venir a la tierra para ser lo que fui y para hacer lo que hice". Hay una sola persona que ha vivido jamás y que ha podido decir: "Vine. Fui enviado". Fue una decisión deliberada. "Mi Padre lo escogió para mí y yo escogí ser obediente a él".

No puedo ni siquiera imaginar lo que le costó tomar esa decisión. Solíamos tener un acuario en casa. Es como si yo hubiera decidido convertirme en un pececito de colores porque los peces estaban luchando entre ellos y se necesita alguien que fuera entre ellos y los detuviera. Y Dios me hubiera dicho: "Tú podrías hacerlo. Yo podría convertirte en un pececito de colores. Podrías meterte ahí y nadar con ellos y arreglar los problemas ente ellos". Pero Dios me habría dicho también: "Tendría que convertirte en un pececito de colores de manera permanente, para siempre. Nunca podrías volver a ser lo que eras antes. Tendrías que permanecer como un pececito de colores por el resto de la eternidad".

Yo podría estar dispuesto a convertirme en un pececito de colores de manera temporaria, siempre que volviera a ser lo que era antes. Pero ¿hacerlo para siempre? ¡De ninguna forma! Estoy tratando de comunicarle el tipo de decisión que fue para Jesús decidir convertirse en humano, no durante treinta y tres años, sino para siempre. Él sigue siendo un ser humano, y un día, cuando lo veamos, veremos un ser humano.

Descubrí que muchos católicos romanos creen que él ha vuelto a ser lo que era antes. Dije a una mujer católica romana: "¿Por qué ora a María?". Me contestó: "Porque ella es humana, y me entiende".

Le dije: "Pero Jesús es humano".

"Oh, no, él es divino".

Tenía es idea de que Jesús se convirtió en humano solo durante unos pocos años y luego volvió a ser divino. Ella quería a alguien humano que la representara en el cielo y a quien pudiera orar. Podría haberlo estado haciendo todo el tiempo a Jesús. La Biblia le da mucha importancia a su humanidad actual. Dice que sigue siendo humano. Por lo tanto, él entiende lo que significa ser tentado. Entiende lo que significa estar presionado. Ha pasado por todo eso, así que nos entiende. Es una verdad maravillosa, ¿no es cierto? Eso fue lo que ocurrió en realidad. Él decidió venir aquí y ser uno de nosotros.

Me encantan los *himnos* navideños, en contraposición con los villancicos de Navidad. No me atrae mucho el tema de los pastores cuidando sus rebaños de noche, o cosas como esas. Pero hay algunos himnos excelents acerca de lo que realmente sucedió. Mi himno navideño favorito es éste. El hombre que lo escribió compuso seis mil himnos. Su nombre fue Charles Wesley. Pero escuche estas palabras. Era un poeta hecho y derecho, y estas son las palabras más asombrosas que haya escuchado cantar en Navidad, porque transmiten la cruda realidad, las contradicciones de todo eso, la imposibilidad de todo eso. Escuche las palabras:

Gloria a Dios en las alturas
Y paz descienda a la tierra
Dios baja ahora, el cielo curva
Y nuestro amigo se muestra
Dios el invisible aparece
Dios el bendito, el gran YO SOY
En este valle triste permanece
Y Jesús es su nombre

Quien por ángeles es adorado
Su creador y su rey
Nuevas de su Señor humillado
A los mortales hacen saber
De su majestad vaciado
De sus glorias magníficas se deshizo

Fuente de nuestro ser iniciado
Y Dios mismo ha nacido.

Vean al eterno Hijo de Dios
Un Hijo de Hombre mortal
Morando en la tierra, un terrón,
El cielo lo tuvo que soltar
Cielos, asombrados, miren esto
Profundamente humillado
El Señor de la tierra y los cielos
En humilde pesebre acostado.

Los hijos de los hombres se alegran
alzan la voz con las huestes del cielo
El Príncipe de Paz proclaman
Y el nombre de Emanuel dijeron
Rodillas y corazones inclinamos a él
De nuestra carne, de nuestro hueso
Jesús nuestro hermano ahora es
Y Dios es todo nuestro.

¿No es magnífico? Esa es la historia que me gustaría que escuche la gente. Es muy diferente de los villancicos. Tiene sustancia, tiene verdad.

Quiero hacer dos preguntas más. Primero, ¿cómo fue que nos metimos en la Navidad? Segundo, ¿qué haremos al respecto ahora? Es muy práctica la segunda mitad. Dado que hay muchas personas alrededor ahora a las que les gustaría que desapareciera cualquier elemento cristiano en la Navidad, ¿qué siente usted al respecto? ¿Qué deberíamos hacer al respecto? ¿Deberíamos combatirlo? ¿Estamos luchando una batalla que está perdida? ¿O qué deberíamos hacer?

Lo primero que deberían hacer los cristianos acerca de la

Navidad es averiguar la voluntad del Señor y hacerla. Me temo que pocos cristianos hacen eso. Simplemente siguen adelante con lo que *ellos* piensan, y ni siquiera lo consideran. Pero nosotros deberíamos preguntar cuál es la voluntad del Señor para la Navidad y, por lo tanto, qué deberíamos hacer al respecto. La primera forma de averiguar la voluntad del Señor sobre cualquier cosa es estudiar la Biblia. No es la única forma, pero es la primera forma. Es donde uno comienza. Cuando miramos en la Biblia hay un silencio asombroso acerca de la Navidad. Jesús nunca habló de su nacimiento. ¿Alguna vez lo notó? Sin duda habló acerca de su venida del cielo a la tierra para ser un hombre, pero nunca habló de su nacimiento. Ni una sola vez.

Hay un diálogo muy sorprendente en el Evangelio de Juan (capítulo siete, si lo quiere buscar). La gente estaba discutiendo acerca de Jesús. Algunos decían: "Saben, él debe ser el Cristo. Debe ser el que estábamos esperando". Otros en la multitud decían: "No, no puede ser él, porque no nació en Belén". Ahora bien, este es un comentario muy interesante, porque Jesús lo escuchó y no dijo nada. Yo no podría haberlo hecho, si hubiera sido Jesús. No podría haber resistido decir: "Yo nací en Belén". Pero él lo dejó pasar. Nunca dijo nada al respecto. Cuando dijeron que había nacido en Nazaret, ese pequeño pueblo al norte, nunca discutió con ellos. Al parecer, no valía la pena aclararlo. Él podría haber dicho que era el Mesías solo basándose en ese punto: "Nací en el lugar correcto". Pero nunca lo dijo.

Nunca nos ordenó recordar su nacimiento. Usted puede recorrer todo el Nuevo Testamento. Nunca nos dijo que recordáramos, y mucho menos celebráramos su nacimiento. Sí dijo: "Recuerden mi muerte, háganlo de manera regular y háganlo (muy sencillamente) con pan y vino". Así nos daríamos cuenta de que su cuerpo es tan real como el pan y su sangre, tan real como el vino. Pero nunca nos dijo que recordáramos su nacimiento. Para mí es muy significativo. ¿Y Pablo? Pablo nunca habló de la historia de Navidad. ¡Pablo! Obtenemos la mayor parte de nuestro evangelio de Pablo. Tal vez fue el mayor misionero cristiano jamás, pero nunca habló de la Navidad. La única vez que se acercó a mencionarla fue cuando dijo: "Cristo nació de una mujer". Fue todo lo que dijo. No es mucho, ¿no es cierto?

¿Conocía la historia? No demuestra ningún conocimiento de la historia de Navidad en una sola de sus cartas. Uno habría pensado que lo mencionaría en alguna parte. Pero no lo hizo. Por cierto, él predicó en contra de tener fiestas cristianas. Eso se aplicaría a la Pascua igual que a la Navidad. Leemos el segundo capítulo de Colosenses, donde les dice que no guarden los días de reposo, los festivales u otras celebraciones del calendario. Fue ahí donde lo dijo. Lucas fue su compañero. ¿Y Pedro? En todas las predicaciones lo llamó "Jesús de Nazaret". Nunca lo llamó Jesús de Belén, sino Jesús de Nazaret, que fue donde vivió de niño y luego de adulto. Pero no era su lugar de nacimiento. Y, en esos tiempos, llamaban a las personas por su lugar de nacimiento.

Al parecer, Pedro nunca supo nada acerca del nacimiento del Señor y, dado que los Evangelios de Mateo y Lucas fueron escritos más tarde, lo más probable es que Pedro nunca haya sabido cómo nació Jesús. Ciertamente nunca lo menciona. Juan nunca lo menciona en su Evangelio. No hay ninguna mención en absoluto de la Navidad o del nacimiento de Jesús en Juan. Juan solo dice: "Vino del cielo". Es todo lo que le interesa. Solo aparece en Mateo y Lucas, y ambos escribían para propósitos específicos. Mateo está escribiendo claramente el lado de José de la historia, el lado del padre. Jesús era el hijo legal de José. No era el hijo físico de José, sino el hijo legal de José.

Por lo tanto, tanto a través de María como de José, Jesús descendía del rey David: legalmente a través de su padre y físicamente a través de su madre. Si alguna vez se preguntó por qué hay dos árboles genealógicos, uno en Mateo y uno en Lucas, la respuesta es que el de Mateo es el árbol genealógico de José y el de Lucas es el de María. Jesús fue a la vez el hijo de José, legalmente, y el hijo de María, físicamente. De modo que tenía derecho doble a heredar el trono de David. David fue su tatarabuelo de ambos lados. Todo es muy interesante. Mateo está escribiendo para conversos judíos. Está muy claro. Yo podría dedicar mucho tiempo a esto, pero no debo hacerlo. Podría darle siete razones por las que estamos convencidos de que Mateo estaba escribiendo para conversos judíos, explicándoles el reino del cielo a ellos, y comenzó por la genealogía de Jesús. Ahora bien, si uno estuviera escribiendo a los gentiles, sería lo último que haría. De hecho, Lucas, que escribió para creyentes gentiles, puso el árbol genealógico de Jesús en el tercer capítulo, como para no desanimarlos. Pero los judíos, cuando leen Mateo, están fascinados. Recuerdo en Buckinghamshire que un judío se convirtió cuando leí Mateo 1, porque pensó de repente: "Jesús debe ser real. Tenía un árbol genealógico como tiene todo buen judío, que recorría su ancestro". Mateo estaba escribiendo para los judíos, y quería que los judíos supieran que Jesús nació como rey de los judíos, y era el hijo de David.

Hay algo muy interesante con relación a su árbol genealógico en Mateo. Está en tres grupos de catorce. Ahora, para entender esto, uno tiene que ser un judío. Los judíos no tienen números. Nosotros tenemos números arábicos: uno, dos, tres, cuatro, cinco, seis, siete. Los judíos no tienen números. Usan, en cambio, las letras del alfabeto. Así que A equivale a 1, B equivale a 2, C equivale a tres, etc. O alfa, beta, gamma, delta, etc. (son letras griegas). Usan cada letra para un número. Les encanta descubrir los números de los nombres. No sé cómo se dice mi nombre, David, pero lo tengo en hebreo en ambos nudillos. Los dos anillos tienen mi nombre en hebreo, David. El nombre David, en números, es catorce.

Al dar su árbol genealógico en tres secciones, catorce en cada una, Mateo está diciendo lo más claramente que puede: éste es su Mesías judío, el hijo de David. Los judíos entienden el mensaje de inmediato. Nosotros no. Solo vemos que tal y tal engendró a tal y tal, tal y tal engendró a tal y tal, tal y tal engendró a tal y tal, y así sucesivamente. ¿Hacían alguna otra cosa aparte de engendrar en esos días? Nos pasa por encima de la cabeza, lamentablemente. Lucas, al dar el árbol genealógico de María, lo puso más adelante en el Evangelio para no desalentar a las personas al principio. Así que uno lo lee más adelante y lo pasa por encima más fácilmente, por así decirlo. Aparte de Mateo y Lucas, ninguno de los otros escritores del Nuevo Testamento menciona el nacimiento. Aún más importante, la iglesia primitiva nunca lo celebró. Durante cientos de años no tuvieron una Navidad. Llegaré en un momento a cómo se introdujo, pero ellos no la celebraban. Celebraban su muerte.

Después de todo, ¿quién quiere celebrar un nacimiento que produjo el asesinato de miles, mientras que su muerte llevó a la salvación de millones? Eso vale la pena celebrar, y lo hacemos cada vez que tomamos el pan y el vino. En realidad, no tenemos ninguna razón escritural para prestar ninguna atención a la Navidad. Lo estoy diciendo con cuidado, pero creo que necesita saberlo. Si usted no quiere conocer la voluntad del Señor, entonces no vaya a su Biblia, porque la Biblia no le dirá que celebre Navidad, sino que celebre su muerte. Entonces, ¿cómo se convirtió en parte de nuestra tradición? Forma parte de nuestra cultura. Es tan parte de la cultura británica, que si uno critica la Navidad, aun en la iglesia, tendrá a cristianos en pie de guerra; está tocando una vaca sagrada. Es algo que nunca cambiará. Entonces, ¿cómo se introdujo? Si la iglesia primitiva no predicaba la historia de Navidad ni la practicaba, ¿por qué lo hacemos nosotros? Le he dicho que durante cinco o seis siglos no lo hicimos, así que ¿por qué empezamos? La respuesta yace en el nombre "Christ-mass".[2] Usted sabe lo que es una misa, o debería saberlo. Habrá escuchado la palabra. Significa que la Navidad fue introducida por los católicos romanos. Entró en la cultura cristiana desde Roma y desde el papa, un papa muy famoso llamado Gregorio. Una vez vio a unos niños ingleses en Roma que habían sido llevados como esclavos desde esta tierra. Fue este papa que vio sus hermosos rostros y dijo: "No anglos, sino ángeles".[3] ¿Ha escuchado ese dicho? Fue el papa Gregorio quien lo dijo. No anglos, es decir anglosajones, en otras palabras, sino ángeles.

Tenía la carga de enviar misioneros a Inglaterra, y envió a un hombre llamado San Agustín (no *el* San Agustín, que fue al norte de África). Este San Agustín tomó un barco hacia Inglaterra, aterrizó en Kent, navegó por el río Thames hasta llegar a Canterbury, y dijo: "Esta será mi sede central para evangelizar Inglaterra". No pasó mucho hasta que convirtió al rey de Kent y lo bautizó. De modo que Inglaterra estaba bien encaminado para convertirse en un país católico.

Sin embargo, al mismo tiempo había personas en Irlanda que tenían una carga por estas islas. En particular, un hombre llamado Columba, que había sido influenciado profundamente por la tradición de un galés llamado Patricio. Columba partió en un barco hacia Escocia. Aterrizó en una pequeña isla llamada Iona. He vivido un tiempo en Iona, en la abadía del lugar. Es un lugar maravilloso y romántico. Hubo un hombre excelente a cargo de la reconstrucción de la abadía llamado George MacLeod. ¿Escuchó hablar de él? ¿No? Fue un gigante espiritual de su tiempo.

Desde Iona, salieron misioneros hacia el norte de Inglaterra y (lo digo como un Geordie[4] del norte de Inglaterra) nuestros grandes héroes fueron San Aidan y San Cuthbert, que aterrizaron en la Isla Santa (Lindisfarne). He pasado todas mis vacaciones de niño en ese lugar, y escuché todas las historias sobre Cuthbert y Aidan. Lo que estaba pasando era que Inglaterra había quedado atrapado en un movimiento de pinzas. Los celtas estaban descendiendo desde el norte y los católicos subían desde el sur. Se encontraron en Yorkshire, en una abadía arriba de Whitby Harbour, presidida por una abadesa. Tuvieron una discusión entonces, porque un príncipe de un lado se había enamorado de una princesa del otro lado, y se iban a casar. La gran decisión era qué religión seguirían, la celta del norte o la católica del sur.

La abadesa presidió el infame sínodo de Whitby en 663 y virtualmente decidió por ellos que ambos deberían hacerse católicos. De ahí en más la influencia celta en el norte se desvaneció e Inglaterra se convirtió en católica de pies a cabeza. Esto duró hasta la Reforma, cuando Enrique VIII quiso su divorcio. Esa es la historia. Ahora bien, los celtas nunca celebraban la Navidad. Al día de hoy, Escocia no lo hace. Tienen algo llamado Hogmanay, pero no celebran la Navidad. Lo celtas no lo hacían, pero los católicos sí. ¿Por qué? Porque después que San Agustín había estado trabajando en Inglaterra durante un tiempo entre estos terribles anglosajones paganos, dijo al papa Gregorio: "Estoy haciendo algunos avances, pero no puedo quitarles sus viejas costumbres paganas".

El papa dijo: "¿Con qué costumbres estás teniendo problemas?".

"Bueno", dijo, "tienen un festival de mitad de invierno para celebrar el regreso de la primavera. Lo celebran cuando el sol vuelve a estar fuerte. Lo llaman Yuletide. Tienen grandes fogatas. Por lo general tienen un gran tronco que queman, el tronco de Yule". ¿Ha escuchado hablar de esto? Dijo: "Cantan canciones y tienen luces para celebrar el sol que regresa. Celebran con árboles perennes, porque los árboles volverán". Dijo: "Es un festival de fertilidad pagano". Usted probablemente sabrá que la mayoría de las religiones paganas adoran a la naturaleza y hacen un fuerte énfasis en la fertilidad. Pueden salirse de madre y, por lo tanto, los cultos de fertilidad han involucrado sexo y prostitución en los templos.

Justamente, este festival de mitad de invierno lo hacía. El papa dijo: "¿Qué hacen en este festival?".

Le contestó: "Comen muchísimo, beben muchísimo y tiene muchísimo sexo". Para el lado sexual de esto lo celebraban durante doce días. "Los doce días de Navidad". ¿Le recuerda algo?[5] Durante doce días eligen a un hombre de cada aldea que es el Señor de Yule y puede tener sexo con cualquier mujer o muchacha de la aldea durante doce días. Así que había cierta competencia para ser elegido el Señor de Yule.

Esto ocurría cada año en Bretaña, mucho antes de que el cristianismo estuviera siquiera cerca. Agustín no podía impedirles que lo hicieran. Tenían esta orgía una vez al año y simplemente no podía persuadirlos a que lo dejaran. Así que el papa dijo: "Te digo lo que haremos. Bautizaremos el festival en Cristo". Este sigue siendo el principal método misionero católico romano: "Si no puedes contra ellos, úneteles".

En lugares como América Latina y Filipinas, donde he estado, me he quedado horrorizado al ver a los católicos romanos involucrados en el animismo y espiritismo de los viejos cultos paganos de esos lugares. Y ha sido hecho en nombre de la iglesia católica. En vez de quitarlo, lo han incorporado. Ese era el método misionero. Así que el papa Gregorio dijo: "Incorpora la Navidad". No lo llamó Navidad, pero dijo: "Celebra una misa en el nombre de Cristo en el día mismo y llámalo *Christmas*".[6] Fue así que ingresó esa festividad.

Se dará cuenta, por supuesto, que solo tiene sentido en el hemisferio norte. Cuando voy a Australia en Navidad y veo las tiendas con pedacitos de algodón pegados como si fuera una tormenta de nieve, no puedo evitar reírme. ¡Hace 35 grados a la sombra y en el calor sofocante ponen pedacitos de nieve en el escaparate porque vinieron de Inglaterra! No encaja para nada en el hemisferio sur. Es el tiempo incorrecto del año. Pero en el norte, donde la Navidad tomó impulso —en Europa en particular, pero en Gran Bretaña sobre todo—, se convirtió en "Christ-mass".[7] De esa forma excusaron lo peor, bueno una buena parte de lo que ocurría en Navidad. Seguían comiendo mucho y bebían demasiado, y tal vez había demasiado sexo, excepto "El día doce de Navidad mi verdadero amor me dio…,"[8] pero lograron controlarlo. Se convirtió en una especie de festival pagano cristianizado. Fue así como comenzó, y aún tenemos árboles perennes, tenemos villancicos y las canciones. Tenemos exceso de comida, exceso de bebida. Aún tenemos la fiesta de la oficina. Tenemos prácticamente todo. Sigue estando ahí.

Menciono estas cosas porque fue lo que ocurrió. Cuando Inglaterra se volvió protestante, tiene que haber oído de los puritanos. Fueron muy ridiculizados, porque vivían vidas tan santas. Ellos eliminaron la Navidad. Cuando su héroe Oliver Cromwell se convirtió en el Protector de Inglaterra, y no había una familia real, la Navidad fue prohibida, y simplemente desapareció. Sin embargo, apenas volvió el rey Carlos II, trajo de vuelta un montón de cosas. Una de ellas fue la Navidad. Y ha quedado desde entonces. Ahora tiene tanta influencia sobre nuestra cultura y se le ha agregado tanto, que da un poco de miedo.

¿De dónde vino Santa Claus? La respuesta es de un gran santo de Dios en Turquía, llamado San Nicolás. En la iglesia de este hombre había una familia muy pobre con tres hijas. Nunca podrían casarse, porque el padre no tenía suficiente dinero para sus dotes. Entonces, una noche, en el medio del invierno, San Nicolás envolvió monedas de oro en algo como medias o calcetas, y los introdujo secretamente a través de la ventana de la casa. El hombre pobre encontró este dinero y pudo dar a sus hijas dotes para que pudieran casarse. Nunca supo quién lo había hecho.

Pero la historia se supo más tarde, así que San Nicolás se convirtió en Santa Claus, que trae calcetines llenos de regalos a la noche y no los mete por la ventana sino por la chimenea. ¿Se da cuenta de dónde vino todo? Pero luego fue en Estados Unidos que alguien inventó a Papá Noel, con su vestimenta roja y bordes blancos, su trineo y sus renos, y Rodolfo el reno de nariz colorada. De pronto tenemos todo. Así que ha ido de una cosa a otra, y mucho de esto es puro sentimentalismo.

El día de Navidad afecta a las personas temporalmente. El caso clásico es la Primera Guerra Mundial. Una Nochebuena los soldados británicos escucharon a los soldados alemanes cantar la canción "Noche de paz". Los soldados británicos comenzaron a cantar: "Noche de paz, noche de amor, etc.". Entonces salieron todos de las trincheras, jugaron al fútbol. Los oficiales de ambos lados estaban horrorizados. Se enfurecieron con los hombres por hacer esto. El día siguiente, *Boxing Day*,[9] estaban todos de nuevo en las trincheras, arrojándose proyectiles y gas mostaza. Durante solo veinticuatro horas la gente se reunió, y al día siguiente volvieron a separarse. Es lo que hace la Navidad. Las personas son agradables y amistosas el día de Navidad, pero esto desaparece rápidamente. Es porque está basado en sentimientos, no en las Escrituras. No es realmente la verdad que libera a las personas, así que solo puede tener un efecto temporal.

Ahora llego a una de las cosas más profundas que quiero decir. Los cristianos seguramente querrán saber lo que piensa Jesús de la Navidad. ¿No estaría de acuerdo en que la primera cosa que nos gustaría saber es cómo se siente él al respecto? ¿Alguna vez se atrevió a preguntarle? Yo lo he hecho, y compartiré con usted dos experiencias que tuve cuando lo hice. Una fue con un grupo que había pedido a cuatro personas que hiciéramos algunos programas de televisión muchos años atrás. Eran programas cristianos. Nos pidieron que tratáramos el tema "Dios también tiene sentimientos". Los cuatro nos reunimos para orar, y pasamos tiempo preguntando al Señor acerca de sus sentimientos, cómo se sentía acerca de las cosas. No puedo recordar los nombres de eso tres o cuatro que vinieron y se sentaron en el salón tantos años atrás. Pero nos atrevimos a decir: "Señor Jesús, háblanos de algo que te hace sentir realmente mal". Porque él habla en la Biblia de que se siente mal acerca de algunas iglesias. Dijimos: "Háblanos de algo que te hace sentir mal". Nos quedamos devastados cuando contestó: "La Navidad". Nunca olvidaré el momento. Tuvo un efecto duradero sobre mí. Pensé: "Jesús, ¿es así como te sientes?". No sabía por qué en ese momento, pero lo supe más tarde. Poco tiempo después estaba predicando en un lugar llamado Sutton, en Surrey, en un culto de Navidad. Era una iglesia pentecostal, pero tenían un enorme árbol de Navidad en el frente, y había luces navideñas por toda la iglesia, y otras cosas. Me senté atrás del púlpito mientas esperaba para predicar y simplemente dije: "Señor, ¿qué piensas realmente acerca de todo esto en la iglesia?".

¿Sabe lo que hizo? Me recordó un libro que había en el altillo de nuestra casa. Mi madre era una entusiasta fotógrafa. Esta es la historia de mi vida: "David de una semana de edad", y sigue así. "¿No es precioso?". El libro se está cayendo a pedazos ahora. Ahí está, un niñito creciendo. "¿No es dulce?". Y en la playa, comiendo un helado. Siempre sacaba la cámara para sacar fotos. No me gustaba para nada.

¿Sabe por qué? Por la misma razón que a Jesús no le gusta la Navidad. Le diré por qué. Jesús lo volvió a traer a mi mente y dijo: "¿Qué te parece eso?". Dije: "Lo detesto". Él dijo: "¿Por qué?". Le dije: "Porque ese bebito ya no existe". Uno no puede relacionarse con ese bebé. Ya no está. O se relaciona conmigo como soy ahora o no se relaciona para nada. Lo que ya no puede hacer es tener una relación real con un bebé. ¿Me sigue? Me di cuenta de cómo se siente Jesús. El bebé Jesús ya no existe, no está más. Pero el Jesús maduro sí existe. Es una relación con él que cambiará su vida. No con el bebé, porque el bebé ya no está. En otras palabras, para decirlo de otra forma, para Jesús la Navidad es irreal, porque el bebé ya no existe. Se está relacionando con algo que ya no existe y eso es una irrealidad. Es interesante que para el Antiguo y el Nuevo Testamento la palabra "verdadero" o "verdad" y la palabra "real" son lo mismo. Lo que es verdadero es real, y lo que es real es verdadero. Es la verdad que libera a las personas. Es la realidad la que las hace libres.

Cuando está adorando a un bebito en un pesebre, no está enfrentando la realidad, porque Jesús ya no es un bebé. Él llamó a la irrealidad hipocresía. No la toleraba. Uno vive en la realidad o no vive de ninguna forma. Es vivir con Jesús como realidad, como es realmente hoy, que es lo importante. Todo eso, francamente, arruinó la Navidad para mí. Ahora permítame decir enseguida que nos juntamos con nuestros hijos y la familia, y es algo bueno, especialmente en pleno invierno, cuando está oscuro y miserable, para tener un poco de diversión con la familia. Está perfecto. No hacemos que Jesús sea la excusa para hacerlo. El hecho es que Jesús saca menos de la Navidad que todos los demás. ¿A qué me refiero? Quiero decir que, en la Navidad, menos personas se convierten en cristianas que ningún otro momento del año. Ningún evangelista consigue citas o compromisos en Navidad. Están en casa con su familia, de todos modos.

Pero ninguna iglesia los quiere en Navidad. Hay menos evangelización, menos conversiones que en ningún otro momento del año.

Entonces, si quiere simular que lo estamos haciendo por Jesús, ahí tiene lo que Jesús piensa al respecto. Tenga su diversión, reúnase con la familia, tenga una actitud inofensiva hacia la celebración, pero no haga que Jesús sea la excusa. De todos modos, no es su cumpleaños.

Permítame llegar finalmente a algunas cosas que los cristianos deben hacer y no deben hacer. ¿Qué cosas no deberían hacer los cristianos en Navidad? No deberían beber en exceso, no deberían comer en exceso, no deberían gastar en exceso. Le diré una cosa. Una vez terminada la Navidad, ¡todo es más barato! Si quiere enviar recordatorios a las personas, noticias familiares, espere que termine la Navidad, y luego envíelos. No recibirán tantos saludos juntos entonces. Nosotros enviamos un boletín en enero, cuando lo hacemos, pero no ponemos a Cristo como excusa.

Ahora bien, algunos cristianos sienten (y me identifico con ellos) no hacer la fiesta para nada cristiana. Solo divertirse como todos los demás, pero no tratar de convertirlo en algo cristiano. Nunca lo fue, así que ¿por qué intentar hacerlo? Sin embargo, le da la oportunidad de hablar de Cristo, a veces no con demasiada facilidad. Pero, finalmente, seamos positivos. Diviértase con su familia. No haga que Cristo sea la excusa y ciertamente no haga que sus hijos crean que Santa Claus o Papá Noel es real. Recuerdo el día que mi hijo vino y me preguntó muy serio: "Papi, ¿existe Papá Noel?". Creo que tenemos que decir la verdad a los niños, así que le dije: "No, no existe, pero es bueno hacer de cuenta que existe". Fue a la cocina y dijo: "Mami, papi no dice la verdad". Estuve castigado todo un año después, hasta que se dio cuenta que estaba diciéndole la verdad.

Creo que debemos decir la verdad a los niños cuando

están listos para ella, y no contarle cuentos de hadas. Pero ¿qué le diremos a las personas acerca de Jesús? Si hacemos lo que el mundo quiere que hagamos, les contaremos acerca de un bebé, pero el bebé ya no está. Cuénteles de Jesús como está ahora. Creo que es una oportunidad maravillosa para decirles que él viene y que deben estar listos para él. No sé en qué fecha volverá. Sé el mes, pero no sé el año. Sé esto: estamos dos mil años más cerca que antes. Sé que estamos más cerca que cualquier otra generación anterior, y deberíamos estar diciendo esto a las personas. Decirles que es un hombre adulto de treinta y tres años, y que volverá como el Juez de la raza humana.

Él decidirá acerca de cada hombre y mujer en la tierra, si pasará el resto de su tiempo en el cielo o en el infierno. Es importante decir esto, porque un bebé no le diría eso. Un bebé no es una amenaza, y tal vez por eso al mundo le gusta un bebé. Pero Jesús es el que decidirá si pasaré la eternidad en el cielo o en el infierno. Eso hace que sea muy importante para mí entrar en una buena relación con él ahora, antes que sea demasiado tarde y antes que él decida. Mejor que yo decida ahora y que él no decida después.

Se lo suplico. Si tiene una oportunidad de hablar acerca de Jesús en esta Navidad, solo diga: "¿Sabe que Jesús vuelve?". Solo haga que llegue ese mensaje, porque muchas personas no estuvieron listas para él la primera vez y queremos que todas las personas posibles estén listas para él la segunda vez. Me encontré con un hermano que sin duda no está listo para él y mi corazón sufre por él porque él es su peor enemigo. Hay personas alrededor nuestro a las que nunca le han dicho que Jesús vuelve, y a las que, si se les dice, no creerán de todos modos. Pero, tan cierto como que nació en Belén, él volverá.

Escuché una canción el otro día que me puso los pelos de punta. ¡Decía que volverá como un bebé! Pensé: "¿Dónde aprendieron eso? ¿Qué Biblia han estado leyendo?".

Es hermoso cantar canciones, pero le ruego: si tendrá un culto con villancicos este año, tenga algunas canciones sobre la segunda venida. Ese es el mensaje que quiero decir a las personas esta Navidad. Jesús volverá pronto, y tenemos que estar listos para él. En caso contrario, no solo lo perderemos sino escucharemos la cosa incorrecta de él cuando venga.

Que el Señor lo guíe realmente en esta Navidad, no solo para volver a la vieja rutina, no solo para copiar a todos los demás, sino hacer lo que Jesús quiere que haga. Eso es todo lo que podría pedir.

Notas

[1] En inglés, la palabra para Navidad, *Christmas*, suele abreviarse como *Xmas*.

[2] En inglés, *Christ* = Cristo y *mass* = misa. La palabra *Christmas* (Navidad) está formada por las dos palabras anteriores.

[3] En inglés, *angles* = anglos y *angels* = ángeles.

[4] Un *Geordie* es una persona del noreste de Inglaterra.

[5] Una de las canciones más conocidas que se cantan en Navidad en Inglaterra es *"The Twelve Days of Christmas"* (Los doce días de Navidad).

[6] En inglés, *Christmas* suena como la "misa de Cristo".

[7] La misa de Cristo.

[8] Una frase de la canción mencionada antes: "Los doce días de Navidad".

[9] *Boxing Day*, el día después de Navidad, es un feriado en Inglaterra.

ACERCA DE DAVID PAWSON

David es un orador y autor con una fidelidad intransigente a las Sagradas Escrituras, que trae claridad y un mensaje de urgencia a los cristianos para que descubran los tesoros ocultos en la Palabra de Dios.

Nació en Inglaterra en 1930, y comenzó su carrera con un título en Agricultura de la Universidad de Durham. Cuando Dios intervino y los llamó al ministerio, completó una maestría en Teología en la Universidad de Cambridge y sirvió como capellán en la Real Fuerza Aérea durante tres años. Pasó a pastorear varias iglesias, incluyendo Millmead Centre, en Guildford, que se convirtió en modelo para muchos líderes de iglesia del Reino Unido. En 1979 el Señor lo llevó a un ministerio internacional. Su actual ministerio itinerante está dirigido principalmente a líderes de iglesia. David y su esposa Enid viven actualmente en el condado de Hampshire, Inglaterra.

A lo largo de los años ha escrito una gran cantidad de libros, folletos y notas de lectura diarias. Sus extensas y muy accesibles reseñas de los libros de la Biblia han sido publicadas y grabadas en "*Unlocking the Bible*" (*Abramos la Biblia*). Se han distribuido millones de copias de sus enseñanzas en más de 120 países, proveyendo un sólido fundamento bíblico.

Es considerado como "el predicador occidental más influyente de China" a través de la transmisión de su exitosa serie "*Unlocking the Bible*" a cada provincia de China por Good TV. En el Reino Unido, las enseñanzas de David se transmiten habitualmente por Revelation TV.

Incontables creyentes de todo el mundo se han beneficiado también de su generosa decisión en 2011 de poner a disposición sin cargo su extensa biblioteca audiovisual de enseñanza en www.davidpawson.org. Hemos cargado también hace poco todos los videos de David a un canal dedicado en **www.youtube.com**

VEA EN YOUTUBE
www.youtube.com/user/DavidPawsonMinistry

LA SERIE EXPLICANDO
VERDADES BIBLICAS EXPLICADAS SENCILLAMENTE

Si usted ha sido bendecido al leer, ver o escuchar este libro, hay más disponibles en la serie. Por favor regístrese y descargue más libritos visitando **www.explicandoverdadesbiblicas.com**

Otros libritos en la serie *Explicando* incluirán:
La historia asombrosa de Jesús
La unción y la llenura del Espíritu Santo
La resurrección: *El corazón del cristianismo*
El estudio de la Biblia
El bautismo del Nuevo Testamento
Cómo estudiar un libro de la Biblia: Judas
Los pasos fundamentales para llegar a ser un cristiano
Lo que la Biblia dice sobre el dinero
Lo que la Biblia dice sobre el trabajo
Gracia: *¿Favor inmerecido, fuerza irresistible o perdón incondicional?*
¿Eternamente seguros?
Tres textos que suelen tomarse fuera de contexto: *Explicando la verdad y exponiendo el error*
LaTrinidad
La verdad sobre la Navidad

Tambien nos encontramos en proceso de preparar y subir estos libritos que puedan ser comprados como copia impresa de:
www.amazon.co.uk o **www.thebookdepository.com**

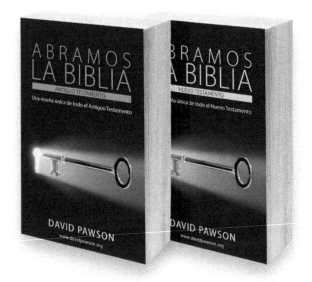

ABRAMOS LA BIBLIA

Una reseña única del Antiguo y el Nuevo Testamento del internacionalmente aclamado orador y autor evangélico David Pawson. *Abramos la Biblia* abre la palabra de Dios de una forma fresca y poderosa. Pasando por alto los pequeños detalles de los estudios versículo por versículo, expone la historia épica de Dios y su pueblo en Israel. La cultura, el trasfondo histórico y las personas son presentados y aplicados al mundo moderno. Ocho volúmenes han sido reunidos en una guía compacta y fácil de usar que cubren el Antiguo y el Nuevo Testamento en una única edición gigante. El Antiguo Testamento: *Las instrucciones del fabricante* (Los cinco libros de la Ley), *Una tierra y un reino* (Josué, Jueces, Rut, 1-2 Samuel, 1-2 Reyes), *Poesías de adoración y sabiduría* (Salmos, Cantares, Proverbios, Eclesiastés), *Declinación y caída de un imperio* (Isaías, Jeremías y otros profetas), *La lucha por sobrevivir* (1-2 Crónicas y los profetas del exilio) – El Nuevo Testamento: *La bisagra de la historia* (Mateo, Marcos, Lucas, Juan y Hechos), *El decimotercer apóstol* (Pablo y sus cartas), *A la gloria por el sufrimiento* (Apocalipsis, Hebreos, las cartas de Santiago, Pedro y Judas).

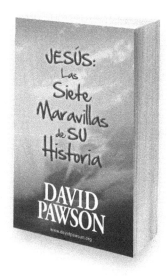

JESÚS
LAS SIETE
MARAVILLAS
DE SU
HISTORIA

Este libro es el resultado de toda una vida de contar "la más grande historia jamás contada" por todo el mundo. David la volvió a narrar a varios cientos de jóvenes en Kansas City, EE.UU., que escucharon con un entusiasmo desinhibido, "twiteando" por Internet acerca de este "simpático caballero inglés" mientras hablaba.

Tomando la parte central del Credo de los Apóstoles como marco, David explica los hechos fundamentales acerca de Jesús en los que está basada la fe cristiana de una forma fresca y estimulante. Tanto los cristianos viejos como nuevos de beneficiarán de este llamado a "volver a los fundamentos", y encontrarán que se vuelven a enamorar de su Señor.

OTRAS ENSEÑANZAS
POR DAVID PAWSON

Para el listado más actualizado de los libros de David ir a: **www.davidpawsonbooks.com**

Para comprar las enseñanzas de David ir a: **www.davidpawson.com**

Lightning Source UK Ltd.
Milton Keynes UK
UKHW021032270622
405018UK00008B/607